Ln. 1661.

ÉLOGE

DE

NICOLAS POUSSIN,

Discours qui a remporté le prix de littéra-
ture décerné par la Société d'Agriculture,
Sciences et Arts du département de l'Eure,
dans sa séance publique, tenue à Évreux
le 4 juillet 1808 ;

PAR NICOLAS RUAULT.

A PARIS,

DE L'IMPRIMERIE DE HENRI AGASSE,

RUE DES POITEVINS, N°. 14.

1809.

ÉLOGE

DE

NICOLAS POUSSIN.

... Veteris Romæ sublimem interrogat umbram.

MARSY.

S'IL est une proposition qui doive échauffer l'ame d'un amateur des Arts, c'est sans doute celle que vous avez faite, Messieurs, d'ériger un trophée littéraire à la mémoire du premier et du plus grand des peintres français. La tâche est difficile. Plus l'homme qu'on veut honorer s'est élevé au dessus de ses contemporains, moins il est aisé de l'atteindre à la hauteur où il s'est porté, et de parler dignement de lui. Mais au seul nom du Poussin, une foule d'idées libérales et philosophiques se réveillent : ce qu'il y a de plus beau, de plus savant, de plus sublime en peinture, vient se présenter à l'esprit ; et telle est l'influence du génie d'un grand-homme sur la pensée d'autrui, qu'il anime quelquefois d'un rayon de sa flamme celui qui se sent le courage d'entreprendre son éloge : il le soutient, il l'enhardit dans l'expression de ses sentimens et de son hommage.

La peinture, le plus brillant et le plus séduisant de tous les Arts, la peinture, sœur et rivale de la poésie, a le rare avantage de parler à la fois aux yeux, au cœur et à l'esprit : il ne lui faut point, comme à la poésie, de langue pour s'exprimer, ou d'interprète pour se faire entendre. Un poëme écrit dans la langue d'une nation que les autres peuples ignorent, est nul pour eux, ou ils ne peuvent le connaître que par des traductions plus ou moins infidelles et paraphrasées, et qui ne peuvent rendre, dans tout son éclat, le coloris de l'original, la force et la beauté de ses expressions. Un tableau, au contraire, jouit, ainsi que certaines productions musicales, du privilége inappréciable de parler et de plaire à tous les peuples du Monde, quels que soient leurs langages, leurs mœurs et leurs usages : il ne faut que des yeux et une ame pour juger et admirer les chefs-d'œuvre de la peinture ; de sorte qu'on pourrait retourner l'axiôme d'Horace, et dire avec juste raison : *Ut musica, pictura,* l'une et l'autre jouissant du droit de se faire entendre de tous les hommes, sans études préliminaires et sans difficultés.

Le peintre a donc sur le poëte un avantage

immense ; mais tous les peintres, ainsi que tous les poëtes, ne parviennent pas à ce degré de célébrité, à cette haute réputation qui fixe sur l'artiste l'attention publique, et grave son nom dans la mémoire. Pour qu'il y arrive, il faut que la Nature l'ait enrichi de ses dons les plus beaux, d'une vaste et sublime imagination, d'un jugement sain, d'un esprit sage et d'une profonde sensibilité.

Dans le nombre assez considérable des peintres d'Italie, de France et de la Flandre, qui ont reçu ces précieux avantages, le Poussin se montre l'un des premiers, et comme le plus savant dans son art. Ses mœurs, son génie, sa grande et noble manière de traiter ses sujets lui ont fait une réputation à part, et son nom n'a jamais été prononcé qu'avec respect.

Nous allons entrer, Messieurs, dans quelques détails sur sa personne, et rapporter, le plus succinctement que nous le pourrons, le commencement de ses nombreux travaux. C'est un sujet toujours intéressant que de se rappeler les premiers pas d'un homme célèbre, de le suivre, dès son début, dans la carrière qu'il s'est choisie ou que le sort lui avait destinée ; et pour exprimer tout ce qui est digne du Poussin, il faut plus de sentiment que d'esprit, moins d'images que de pensées. Nous parlerons ensuite de ses grandes conceptions dans un âge plus mûr , c'est-à-dire , de ses triomphes et de sa gloire.

Ce grand peintre , qui n'eut point de maître et qui ne laissa point d'élèves , naquit à Andely , dans la ci-devant Normandie , au mois de juin 1594. Son père était gentilhomme , et , dit-on , originaire du Soissonnais. Ruiné dans les guerres civiles de la Ligue , où il combattait pour Henri IV , il épousa , peu après la prise de Vernon , Marie de Laisement , de laquelle il eut Nicolas Poussin. Le peu de bien qui lui restait ne lui permit pas de donner à son fils toute l'instruction qu'il était digne de recevoir. Il fut presque obligé de l'abandonner à la nature. Cette détresse du père nous a valu un grand-homme ; car il est très-probable que si le père du Poussin eût été riche , il aurait donné à son fils un état brillant dans la société , mais dans lequel il n'aurait été peut-être qu'un homme d'esprit , placé dans le monde contre son goût et ses inclinations ; il aurait vécu , et serait mort inconnu et sans gloire.

Dès l'âge le plus tendre , le Poussin fit remarquer le penchant qu'il avait pour la peinture. Son père et ses maîtres avaient beau vouloir l'en distraire , il y revenait toujours , et se cachait même pour produire ce que lui inspirait sa jeune imagination. Un peintre nommé Varin, voisin de son père, favorisait en secret les dispositions extraordinaires du jeune Poussin ; il l'encourageait à persévérer dans un art pour lequel il paraissait destiné, et qui lui promettait, dans peu de tems, des succès assurés.

Déjà, tourmenté par son génie, le jeune artiste s'échappa de la maison paternelle, et vint à Paris dans l'intention de s'instruire et de se perfectionner dans l'art de dessiner et de peindre. Perdu dans cette grande ville où il se trouvait sans recommandation et sans secours, il dut au hasard la connaissance d'un amateur, d'un gentilhomme du Poitou, dont on ne nous a point conservé le nom, qui le reçut dans sa maison, lui donna tous les moyens d'étudier sans distraction, et pourvut généreusement à tous ses besoins. Jusque-là le Poussin n'était guidé que par des peintres de portrait. Ces maîtres ne suffisaient pas à ce génie naissant, à l'idée qu'il avait de la peinture : il les abandonna bientôt pour dessiner d'après les estampes de Raphaël et de Jules-Romain, qu'il imitait avec une précision et un fini admirables. Ce fut là, dit

Félibien, son contemporain et son ami (1), les premières bonnes leçons que prit le Poussin dans l'art de dessiner.

Le gentilhomme poitevin qui lui procurait toutes les facilités nécessaires pour travailler avec succès, fut obligé de quitter Paris. Il emmena avec lui le jeune peintre en Poitou, dans l'intention d'orner son château de quelques-uns de ses tableaux. Mais il ne resta pas long-tems dans cette nouvelle demeure : la mère de ce gentilhomme, qui n'avait aucun goût pour les Arts et qui regardait un peintre comme un homme à charge dans sa maison, un ouvrier inutile, obligea le Poussin, par son peu d'égards pour lui, par ses manières fâcheuses et rustiques, à sortir du château et

––––––––––

(1) André Félibien, né à Chartres en 1616. Nommé Secrétaire d'ambassade à Rome, il y connut le Poussin, et s'unit avec lui de la plus étroite amitié. Il est auteur de plusieurs bons ouvrages sur la peinture, la sculpture et l'architecture, et entr'autres de celui intitulé *Entretiens sur la vie des Peintres*, où l'on trouve plus de détails que partout ailleurs sur la vie et les ouvrages du Poussin. Félibien mourut à Paris, en 1695, Garde des antiques et Historiographe des bâtimens du Roi ; il fut également regretté des gens de lettres, des artistes et des amateurs.

à retourner à Paris. Il partit, et s'arrêta dans la route pour travailler et faire les frais du voyage. Il fit à Blois deux tableaux pour l'église des Capucins : on les y voyait encore dans le siècle dernier. Il peignit des Bacchanales (1) dans le château de Chiverny, près de Chambord. Enfin il arriva à Paris, mais si triste et si affligé, que sa santé en fut violemment altérée; il prit le parti de retourner chez son père pour la rétablir.

Aussitôt que ses forces le lui permirent, il revint dans la capitale, poussé par le desir d'aller à Rome. Il s'y achemina en effet dans le dessein de travailler au centre des Arts, de visiter cette reine du Monde, alors seule dépositaire du riche héritage des Anciens, de ces chefs-d'œuvre incomparables qui appartiennent à toutes les nations civilisées, et que, par une juste compensation du sort, les révolutions des Empires, les victoires des grands Capitaines font voyager par l'Univers, afin que chaque peuple en jouisse à son tour pendant quelques siècles. Divers obstacles empêchèrent le Poussin d'aller plus loin qu'à Flo-

---

(1) On appelle *Bacchanales* des dessins, des tableaux, des bas-reliefs où sont représentées les fêtes de Bacchus, les orgies de ce dieu des raisins et de la vendange.

rence. Obligé de revenir sur ses pas, il apprend à Lyon que les Jésuites de Paris veulent célébrer la canonisation de S. Ignace et de S. François-Xavier par quelques tableaux des miracles attribués à ces fondateurs de leur Compagnie. Le jeune peintre se rend à Paris, et se met au nombre des concurrens. Il fut choisi pour en faire six en détrempe, et il les composa en six jours, travaillant, dit Félibien, presqu'autant de nuit que de jour, et beaucoup mieux que les autres artistes employés à embellir cette fête.

Dans ce même tems, en 1623 (le Poussin avait alors vingt-neuf ans), le célèbre cavalier Marin, auteur du poëme d'Adonis, était à Paris. Il y connut bientôt le Poussin, l'aima, et ne tarda pas à s'apercevoir de la grande supériorité de ce jeune artiste sur les autres élèves en peinture de la capitale. Il l'employa à dessiner les principaux sujets de son poëme. Peu après le poëte italien quitta la France, et voulut emmener avec lui en Italie l'artiste français qu'il aimait; mais quelque vif desir qu'il eût de profiter d'une si belle occasion de se rendre à Rome, le Poussin ne put le satisfaire : il s'était engagé à finir quelques tableaux alors commencés, entr'autres celui du *Trépas de la Vierge*, qui a été long-tems placé dans une chapelle de Notre-Dame de Paris.

Telle fut la jeunesse du Poussin. Né sans fortune, il passa les premières et les plus belles années de sa vie dans l'inquiétude et l'anxiété d'esprit, et surtout dans le plus cruel de tous les embarras, celui d'exister. Bientôt, car il n'a pas encore subi toutes les épreuves de l'adversité, nous le verrons en sortir, mais ce ne sera pas dans sa patrie.

Pour la seconde fois il entreprend le voyage de Rome. Il y entre enfin en 1624, et y retrouve heureusement le cavalier Marin, le seul qui puisse l'accueillir dans cette ville étrangère, le seul appui sur lequel il puisse compter pour obtenir, soit des secours dans son art, soit des travaux pour les personnages les plus considérables qui habitent cette grande cité, ou qui résident près de la Cour pontificale. Mais cette heureuse rencontre n'est encore pour l'artiste français qu'une illusion, un vain et chimérique espoir : il ne peut recueillir les premiers fruits que lui promettaient l'estime et l'amitié du poëte italien. Le cavalier Marin, appelé à Naples où il ne comptait faire qu'un séjour très-court, y meurt presque subitement, au mois de mai 1625. Avant de partir pour Naples, il avait cependant recommandé le

Poussin au cardinal Barberin, en lui disant : *Vederete un giovane che a una furia di diavolo :* Vous verrez un jeune homme plein de verve et de génie. Mais soit que le modeste Poussin négligeât de faire assidûment sa cour au Cardinal, soit que celui-ci, trop occupé des affaires de l'Église, ne fît aucune attention à un jeune étranger qui n'avait encore rien produit d'éclatant, il l'oublia, et ne lui rendit alors aucun service.

Voilà donc le jeune peintre français replongé de nouveau dans l'infortune. Sans protecteur, sans ami, sans connaissances utiles, entiérement isolé dans Rome, n'ayant pour toute ressource que son talent, son génie ignoré, et sans occasion favorable de le faire paraître, il travaillait pour vivre, mais à si bas prix, qu'il donnait ses tableaux pour six ou sept écus. Ce n'était pas le prix de la toile et des couleurs. Son genre de peindre n'était point à la mode. Éclipsé dans la foule des jeunes peintres de peu de mérite dont Rome était remplie, mais qui alors étaient en vogue, on ne faisait aucune attention à ses ouvrages. Il les cédait à des marchands, comme nous avons vu vendre les médiocres tableaux qu'on exposait sur le Pont-Notre-Dame.

Cependant il ne se rebutait point du peu

de cas que l'on faisait de ses ouvrages et de sa personne. Il travaillait sans cesse, et songeait bien plus à se perfectionner dans son art, qu'à amasser quelqu'argent. La vie philosophique qu'il menait, n'exigeait que peu de dépense, et la conscience de son talent ne l'abandonnait point. Il apprenait à surmonter les obstacles qui l'arrêtaient dans le chemin de la gloire ; il sut l'attendre et la mériter, et c'est ainsi que pensent et agissent les grandes ames.

Le Poussin vivait donc très-retiré dans Rome : il s'était associé, pour la vie commune, avec un sculpteur aussi modeste que lui, habile dessinateur, nommé François Flamand, connu aussi sous le nom de Quesnoy, qui depuis se distingua dans les bas-reliefs de marbre, de bronze, de pierre et d'ivoire, qu'il a traités avec un art, un goût et une élégance admirables, et qui sont encore aujourd'hui très-recherchés. Ces deux artistes se soutenaient l'un l'autre, et vivaient comme deux frères malheureux. Ils étudiaient ensemble ; ils dessinaient, ils modelaient les bas-reliefs et les figures antiques répandues dans Rome et dans les vignes qui l'environnent. Tous deux s'appropriaient la manière des anciens artistes grecs et italiens, pour la fondre dans leurs ouvrages, et les enrichir des pensées des premiers maîtres de l'Art. C'est dans ce même tems que le Poussin, cherchant à devenir coloriste, copiait quelques tableaux du Titien. Mais il renonça bientôt à imiter ; il voulut être lui-même. Un si beau génie ne devait emprunter la manière de personne, pas même le coloris, dont au reste il paraît avoir fait peu de cas.

Nous voici bientôt arrivés, Messieurs, au moment où le Poussin commença à se faire connaître en Italie, et à se montrer l'égal des grands peintres dont elle déplorait depuis long-tems la perte.

Raphaël et le Corrège étaient morts depuis plus d'un siècle ; Léonard de Vinci, Michel-Ange et le Titien les avaient suivis de près au tombeau ; les trois célèbres Carraches n'étaient plus : tous ces illustres fondateurs de l'Art de peindre dans notre Europe moderne avaient disparu. A la vérité, leurs chefs-d'œuvre restaient pour modèles, mais leurs écoles étaient fermées, et une longue expérience ne nous a malheureusement que trop convaincus que, dans tous les Arts, les bons ouvrages ne suffisent pas seuls pour former la jeunesse des artistes, pour entretenir le bon goût, et conserver la bonne manière de rendre les objets imités de la Nature. Il faut à cette jeunesse, d'habiles professeurs qui la guident dans la route du beau et du vrai.

Les successeurs des grands peintres que nous venons de citer, et dont l'Italie était veuve, s'il est permis d'employer ici cette expression, désespérés de ne pouvoir les atteindre, se livraient à de faux systèmes, à de folles idées dans l'exécution de l'Art. Soit impuissance de suivre les bons modèles, soit l'orgueil de vouloir tracer de nouvelles routes, ils égaraient et trompaient la génération des élèves confiés à leurs soins. Ils affectaient surtout de faire peu de cas des modèles antiques ; ils en négligeaient l'étude ; ils essayaient d'introduire dans leurs écoles une manière plus facile en effet et plus expéditive, une nature imaginaire ou fantastique ; ils tiraient de leurs cerveaux exaltés, des têtes, des figures dont l'effet était nécessairement un mensonge, un outrage à la vraie nature.

A cette époque la peinture dégénérait d'une manière très-marquée, et se dégradait en Italie ; elle s'y serait perdue peut-être, ou elle y serait tombée dans le dernier avilissement si un homme d'un grand talent et d'un puissant génie ne fût venu assez tôt pour la relever et la rétablir sur ses véritables bases (1).

---

(1) La même dégénération de l'art se manifesta en France, après les grands maîtres du siècle de Louis XIV, sous le règne de Louis XV, lorsque les Boucher, les Vanlo, les Pierre gouvernaient l'Académie de peinture et dirigeaient l'École du dessin. Cette dégénération dura jusqu'à ce qu'enfin M. Vien parût, et fît rentrer peu à peu, et avec beaucoup de circonspection, les élèves dans la bonne voie, en rétablissant l'étude de l'antique et celle de la nature. Il fit bannir des porte-feuilles des élèves les estampes de Vanlo, de Boucher, de Carle-Maratte, etc., et les fit remplacer par celles du Poussin, qu'ils étudiaient avec grand soin.

Nous devons ajouter ici, relativement à la décadence de la peinture en Italie vers ce tems-là (1640), que Pietre de Cortone en fut un des principaux auteurs. Ce peintre était contemporain du Poussin, et ne mourut que quatre ans après lui. Gracieux et facile dans ses compositions, mais manquant souvent de correction et d'expression, peignant des figures lourdes et des draperies de mauvais goût, il eut néanmoins la plus grande vogue en Italie et même en France, où par la suite il fit naître les corrupteurs du bon goût que nous venons de citer. « Dans ce tems-là, » dit Félibien, la plupart des jeunes peintres qui étaient » à Rome, attirés par la grande réputation où était le » Guide, allaient avec empressement copier son tableau » du *Martyre de S. André*, qui est à Saint-Grégoire. Le » Poussin était presque le seul qui s'attachait à dessiner

C'est

C'est ce que fit le Poussin dans Rome même, tout Français et étranger qu'il y était. Il sut reproduire, aux yeux des artistes égarés, le bel exemple des premiers maîtres ; il sut les ramener au bon goût, à la vérité des bons principes par les nombreux tableaux qu'il composa d'après l'étude de l'antique, qu'il continua de cultiver toute sa vie dans les

---

» celui du Dominiquin, lequel est dans le même endroit, » et il en fit si bien remarquer la beauté, que la plupart » des autres peintres, persuadés par ses paroles et par son » exemple, quittèrent le Guide pour étudier d'après le » Dominiquin. » Mais si le Poussin persuada aux jeunes élèves qui travaillaient à Rome d'étudier plutôt le Dominiquin que le Guide, il ne convertit que peu d'Italiens, puisque le goût et la manière de Pietre de Cortone ne tardèrent pas à dominer en Italie. La décadence était telle, que ce même Pietre de Cortone avoue qu'il n'osait pas vanter le *S. Jérôme* du Dominiquin, dans la crainte de se faire moquer de lui.

Les ouvrages du Poussin firent sans doute une forte impression en Italie, mais n'y arrêtèrent pas entièrement le mauvais goût. Ils eurent un plus grand succès en France ; ils y soutinrent le bon goût apporté d'Italie, par maître Roux et le Primatice, sous François Ier. ; ils rendirent meilleur celui que le Vouet y avait apporté aussi. On peut croire que les ouvrages du Poussin ont agrandi le talent de Lesueur et de Lebrun, et qu'ils ont contribué à celui de Jouvenet dans ses premiers ouvrages, qui sont entièrement dans le goût du Poussin.

B

monumens des Grecs et de l'ancienne Italie. Chaque jour il évoquait, il interrogeait l'ombre sublime de l'ancienne Rome : *Et veteris Romæ sublimem interrogabat umbram.*

Après avoir passé plusieurs années dans le silence de la méditation et d'un travail assidu, il mit au jour deux tableaux, *la Mort de Germanicus* et *la Prise de Jérusalem par Titus,* les premiers qui fixèrent sur lui l'attention publique, et qui commencèrent à lui faire un nom, malgré les critiques qui s'élevèrent de toutes parts contre ces deux ouvrages. C'était un nouveau genre de composition, qui était loin de celui des autres peintres. On lui reprochait de ne voir dans les têtes et dans les draperies de ses figures, qu'une imitation trop marquée des antiques qui étaient sous les yeux de tous ; on l'accusait de plagiat ; on lui fit presqu'un crime d'avoir emprunté, dans son *Germanicus,* l'idée d'un peintre grec (Timante) qui voila la tête d'Agamemnon de son manteau, dans le Sacrifice d'Iphigénie, comme si ce n'était pas un des priviléges du génie de se servir quelquefois des belles pensées d'autrui dans les langues mortes ou étrangères, et de les encadrer dans son ouvrage lorsque ce qui précède et ce qui suit est parfaitement d'accord avec ces pensées adroitement dérobées ; comme si on pouvait blâmer Corneille, Racine et Voltaire d'avoir pris, dans Sophocle et dans Euripide, non-seulement des pensées, mais des tirades entières dont ils ont jugé à propos d'enrichir leurs tragédies.

Dans son *Germanicus mourant*, le Poussin n'a-t-il pas mis une correspondance intime et très-douloureuse entre le visage caché d'Agrippine et les derniers regards de son héros sur le buste de Tibère ? Agrippine, qui est censée avoir vu le dernier mouvement de son vertueux époux, ne semble-t-elle pas lui dire, à travers ses sanglots : *Je sais qui t'a donné la mort, et je ne puis plus en supporter la vue !* Il faut l'avouer, ce tableau est une composition digne de Tacite.

Le Poussin a peint deux fois *la Prise de Jérusalem*. Le second tableau est rempli d'un plus grand nombre de figures, et travaillé d'une manière plus savante que le premier. Il y a réuni tout ce qu'il convenait d'y faire voir : la Nation juive aux pieds du fils de Vespasien ; le Temple saccagé par les soldats ; le fameux Chandelier d'or à sept branches ; enfin, toutes les richesses sacrées qui rendaient cet édifice si célèbre dans l'Univers, et qui furent toutes transportées à Rome (1).

La Peste des Philistins, la Manne dans le désert (l'une de ses plus fameuses compositions), *le Frappement du rocher par Moïse, l'Enlévement des Sabines*, sortirent successivement de son atelier, ainsi que plusieurs autres excellens tableaux dont l'énumération serait ici trop longue. La plupart étaient, aux yeux des Italiens mêmes, autant de chefsd'œuvre. Ils ne balancèrent point à placer *la*

---

(1) Elles y sont encore pour la plupart, mais au fond du Tybre, et surtout le fameux Chandelier d'or, avec nombre de statues, de vases, de bustes de marbre et de bronze, et autres précieux monumens des Arts, qui furent précipités dans ce fleuve, par les Romains mêmes, lors de la première invasion des Barbares du Nord. On sait que les Juifs firent offrir à Sixte-Quint plusieurs millions pour obtenir de ce Pontife la permission de fouiller dans le Tybre, en le détournant de son cours, à leurs frais, et à la condition que tout ce qu'ils y trouveraient leur appartiendrait. La crainte d'une maladie pestilentielle, qui aurait pu ravager toute la ville, fit rejeter cette proposition. — Ce projet de détourner momentanément le Tybre pour en retirer tout ce qu'il renferme de richesses, a été renouvelé dans le cours de la révolution, lorsque l'armée française occupait Rome ; mais divers obstacles en ont empêché l'exécution.

Manne et *la Peste des Philistins* à côté de ceux de Raphaël.

Oui, Messieurs, de Raphaël ; et nous nous faisons un devoir de consacrer ici ce premier jugement des Italiens sur le Poussin ; car quiconque voudra rendre à ce peintre sublime toute la justice qui lui est due, ne craindra jamais d'associer son nom aux plus grands noms qui ont brillé dans tous les tems, soit dans les Arts, soit dans les Lettres et la Philosophie. Il appartient à tous les âges, car il les a peints tous. Penseur profond, observateur exact et judicieux, une grande partie de ses tableaux sont autant de traités de morale mis en action.

Ces belles et riches productions remplirent l'Italie de son nom, qui bientôt franchit les Alpes et parvint à Paris avec tout l'éclat dont il était déjà environné. Le Cardinal de Richelieu, qui aimait et protégeait tous les Arts, desira que ce célèbre Français rentrât dans sa patrie, et vînt s'y établir à des conditions honorables. Il lui fit écrire par l'Intendant des finances et Secrétaire d'État, Sublet des Noyers, qui était aussi un amateur éclairé des Beaux-Arts, et qui les encourageait par de nobles récompenses. Le Roi Louis XIII lui écrivit lui-même pour l'engager à venir se fixer à

Paris. Nous nous faisons un devoir et un plaisir de rapporter ici la lettre de ce Monarque: elle honore à la fois et l'art et l'artiste (1).

----

(1) *Lettre de Louis XIII à Nicolas Poussin.*

Cher et bien amé, Nous ayant été faict un rapport par aucuns de nos plus spécieux serviteurs, de l'estime que vous vous estes acquise, et du rang que vous tenez parmi les plus fameux et les plus excellens peintres de toute l'Italie, et desirant, à l'imitation de nos prédécesseurs, contribuer, autant qu'il nous sera possible, à l'ornement et décoration de nos Maisons royales, en appelant auprès de Nous ceux qui excellent dans les Arts, et dont la suffisance se fait remarquer dans les lieux où ils semblent les plus chéris, Nous vous faisons cette lettre pour vous dire que Nous vous avons choisi et retenu pour l'un de nos peintres ordinaires, et que Nous voulons doresnavant vous employer en cette qualité. A cet effet, nostre intention est que, la présente reçue, vous ayez à vous disposer de venir par-deçà, où les services que vous Nous rendrez seront aussi considérés que vos œuvres et vostre mérite le sont dans les lieux où vous estes, en donnant ordre au sieur des Noyers, Conseiller en nostre Conseil d'Estat, Secrétaire de nos Commandemens et Surintendant de nos finances, de vous faire plus particuliérement entendre le cas que Nous faisons de vous, et le bien et avantage que Nous avons résolu de vous faire. Nous n'ajousterons rien à la présente que pour prier Dieu qu'il vous ait, cher et bien amé, en sa sainte garde.

Signé LOUIS.

Donné à Fontainebleau, le 15 janvier 1639.

Le Poussin ne se laissa point éblouir par
ces invitations royales. Attaché plus que jamais à la ville des Arts anciens et modernes,
il ne pouvait se résoudre à la quitter pour
aller habiter Paris. La vie tranquille et philosophique qu'il menait dans Rome avait pour
lui des charmes si puissans, qu'il prétextait
toujours quelque affaire pour différer son
voyage. Le Secrétaire d'État, des Noyers, qui
se flattait chaque jour de le voir arriver pour
satisfaire à l'empressement du Roi et du Cardinal, trompé trop souvent dans ses espé-
rances, prit le parti d'envoyer à Rome son ami
et son parent Chambray de Chantelou (1), et
le chargea d'emmener avec lui le Poussin en
France : ce qui eut lieu vers la fin de l'année
1640.

Le Secrétaire d'État reçut le peintre français, depuis long-tems expatrié volontaire-
ment, avec d'autant plus de joie, qu'il l'avait
attendu avec plus d'impatience. Il le présenta
au Cardinal de Richelieu, qui le serra dans ses
bras et le fit conduire au château des Tuile-

____

(1) Il est auteur d'une traduction française du *Traité
de la Peinture* de Léonard de Vinci, et d'un *Parallèle
de l'Architecture ancienne et moderne*, publié à Paris
en 1650.

ries, dans l'appartement qu'il lui avait destiné. Peu de jours après, le Poussin se rendit à Saint-Germain-en-Laye où était la Cour, pour y voir le Roi qui l'accueillit avec bonté, et s'entretint long-tems avec lui. Louis XIII lui demanda deux grands tableaux pour ses chapelles de Saint-Germain et de Fontainebleau; et voulant lui donner des marques plus particulières de l'estime qu'il faisait de son art et de sa personne, il le nomma son premier peintre ordinaire, avec un traitement honorable et un logement aux Tuileries.

Le Poussin, se conformant aux desirs et aux ordres du Roi, peignit, pour la chapelle de Saint-Germain, cette *Cène* fameuse qui commença d'exciter en secret la jalousie des peintres alors en vogue à Paris. Il fit aussi, pour le noviciat des Jésuites, le tableau d'un miracle de S. François-Xavier au Japon. Il préparait beaucoup d'autres ouvrages, tels que des dessins pour de magnifiques tapisseries, des cartons pour la grande Galerie du Louvre, où il voulait représenter les travaux d'Hercule; il faisait même, à la sollicitation de Sublet des Noyers, jusqu'à des frontispices et autres ornemens pour les livres dont ce Surintendant des finances avait ordonné l'impression au Louvre, où il venait d'établir l'Imprimerie-Royale. Le nouveau peintre du Roi se prêtait volontiers, et avec une complaisance qu'on n'aurait osé espérer de lui, à faire exécuter beaucoup de petits ouvrages fort au dessous de ses grands talens.

Tous ces travaux, et la faveur du Roi, et celle du Cardinal de Richelieu, et les graces qu'il en recevait, lui attirèrent bientôt l'inimitié et la haine de l'école de Simon Vouet, qui jusqu'alors avait été le peintre de la Cour le plus favorisé. Félibien, que l'on peut croire sur sa parole, car il était homme sage et d'une grande probité, assure que le Vouet était à la tête de la conjuration contre le Poussin ; et le maître et les élèves, se liguant tous contre lui, réussirent à l'accabler de dégoûts et de mortifications. L'architecte Lemercier, qui dirigeait les travaux de la Galerie, se joignit à cette cabale ; et ce qu'on aura peine à croire, ce qui pourtant est vrai et fait honte à sa mémoire, c'est que le Surintendant des finances, ce même Sublet des Noyers qui avait tant sollicité le Poussin de rentrer en France, qui s'était fait une si grande joie de le posséder à Paris, ne le soutint point contre ses ennemis ; il les écoutait au contraire, et paraissait les approuver. Le faible Louis XIII touchait alors à la fin de sa

carrière , ainsi que le Cardinal de Richelieu (1).

---

(1) Quelques personnes mal instruites , ou qui ne sont
que les échos d'anciennes calomnies , ont rangé notre
illustre Lebrun parmi les ennemis du Poussin. On sait
assez aujourd'hui la fausseté de cette inculpation : les
faits et les dates suffisent pour la détruire. Cependant il
est bon de répéter , pour ceux qui l'ignorent et qui se
laisseraient tromper par les ennemis de Lebrun , que Lebrun n'avait que vingt ans , qu'il était inconnu dans les
Arts , ou qu'il n'y avait point encore de réputation lorsque le Poussin fut appelé à Paris par Louis XIII ; que
Lebrun et le Poussin n'eurent jamais ensemble aucun
démêlé. Félibien , en assurant que le Vouet s'était dé-
claré ouvertement jaloux du Poussin , ainsi que Fouquier
le paysagiste , ne mêle point Lebrun dans les tracasseries
de ces artistes. Il dit au contraire que le Poussin fit à
Rome un paysage pour M. Lebrun ; ce qui prouve sans
réplique qu'ils n'étaient point ennemis. Mais il existe à
Paris , parmi certains artistes , une petite cabale qui pré-
tend rabaisser le mérite et les talens de ce premier peintre
de Louis XIV , et qui voudrait le faire descendre du haut
rang où son génie l'a élevé. Ces artistes-là se croiraient
plus grands sans doute dans la postérité ; mais ils ne
réussiront pas dans leurs folles prétentions. Lebrun res-
tera toujours debout pour les écraser ; Lebrun marchera
toujours à côté du Poussin dans l'histoire de l'Art en
France. A toutes les petites diatribes lancées contre sa
réputation , il pourrait répondre comme Virgile : *Mes
ouvrages parlent pour moi.*

Rebuté d'avoir à lutter sans cesse contre tant d'envieux et de jaloux, et regrettant toujours le doux séjour de Rome où il n'avait ni Rois ni Ministres à courtiser, ni aucun ennemi à craindre ou à repousser, le Poussin demanda un congé pour retourner en Italie. C'était, disait-il, pour mettre ordre aux affaires qu'il y avait laissées, et en ramener sa femme. Il obtint ce congé sans trop de difficultés, et partit le cœur plein de joie. Il rentra plus joyeux encore dans sa ville favorite, dans cette mère-patrie des Arts, pour n'en plus sortir et ne la quitter qu'avec la vie.

Le premier tableau qu'il fit à son retour dans Rome, fut *le Ravissement de S. Paul*, pour Chambray de Chantelou, qui desirait avoir de sa main le pendant de *la Vision d'Ézéchiel* par Raphaël. Le modeste Poussin s'opposa tant qu'il put à ce que son tableau fût placé à côté de *la Vision*, disant qu'il n'était fait que pour servir de couverture à celui du premier et du plus grand de tous les peintres. Mais ce *Ravissement* n'en excita pas moins l'admiration générale des amateurs et des peintres mêmes. En le voyant, le cavalier Pozzo s'écria que la France avait son Raphaël dans le Poussin.

Nombre d'autres tableaux du premier ordre

sortirent successivement de son inépuisable imagination. Il travaillait sans relâche, et sans jamais éprouver ni dégoût ni fatigue : au contraire, plus il produisait, plus il avait de facilité à produire, et toujours il se surpassait lui-même. C'est ainsi qu'il fit ce magnifique tableau de *Rébecca et Éliézer*, qui est maintenant, ainsi que beaucoup d'autres du même pinceau, dans la superbe Galerie du Louvre. Que de grâces ! que de beautés ! Comme il y a réuni tous ses divers talens ! Comme il y a peint la modestie, la pudeur, l'embarras de Rébecca à la vue des présens que lui offre Éliézer ! et la surprise, l'admiration des femmes qui ornent cette riche production !

Mais le plus étonnant des chefs-d'œuvre du Poussin, celui qui fait le mieux connaître la physionomie de son génie, est *le Testament d'Eudamidas*, tableau à jamais célèbre, et dans lequel ce peintre a été plus *ancien* encore que dans ses autres ouvrages. On le croirait échappé aux ravages du tems ; on le prendrait pour une conception d'un des plus fameux peintres d'Athènes ou de Corinthe ; et l'action principale et tous les accessoires respirent la plus touchante simplicité des tems héroïques. Le choix du sujet (1) ne pouvait être fait que par une tête profondément philosophique qui sait apprécier le noble sentiment de la confiance et de l'amitié. On pourrait affirmer que ni Raphaël ni Michel-Ange ne l'auraient pas aussi bien exécuté ; ils auraient pu en faire un fort beau tableau, chacun à sa manière, mais à coup-sûr ils n'auraient point égalé celui du Poussin. Ils n'avaient ni son génie austère ni ce goût perfectionné de l'antique qui lui a assigné une place unique dans l'histoire de l'Art.

Le Moïse abandonné dans son berceau sur les eaux du Nil ; le Moïse enfant, foulant aux pieds la couronne de Pharaon ; le Moïse législateur, changeant en serpent la verge d'Aaron ; le Passage de la Mer-Rouge ; Dieu qui apparaît à Moïse dans un buisson ardent ;

---

(1) Eudamidas, de la ville de Corinthe, guerrier sans fortune, mourant dans la force de l'âge, dicte un testament dont voici les paroles extraites de Lucien, dans le *Toxaris* :

« Je lègue ma mère à *Arétée*, pour la nourrir et en
» avoir soin dans sa vieillesse.

» Je lègue ma fille à *Charixène*, pour la marier avec
» une aussi grande dot qu'il pourra lui donner.

» Et si l'un ou l'autre vient cependant à mourir, j'en-
» tends que le legs que je lui ai fait, revienne au sur-
» vivant. »

l'Adoration du veau d'or; le Sacrifice de Noé; le Jugement de Salomon; la Mort d'Ananie et de Saphira; les Aveugles de Jéricho guéris par le Christ, l'un des plus beaux ouvrages qui soient sortis de sa main pour la force et la pureté du dessin, le coloris et la sublime expression des figures, et qui servit de sujet aux conférences de l'Académie de peinture en 1667, deux ans après la mort de l'auteur; enfin, beaucoup d'autres sujets pris de l'Ancien et du Nouveau-Testament attestent la vigueur, la sagesse, la fécondité et la puissance de son génie.

De tant d'ouvrages puisés dans la Bible surtout, on pourrait inférer peut-être que le Poussin avait une prédilection particulière pour la Religion hébraïque : on se tromperait. Il faut se rappeler qu'à cette époque, si voisine de François Ier. ou de la restauration des Arts, la Religion des Hébreux, et les miracles, les mystères de celle du Christ, étaient le texte ordinaire et commun des peintres, des statuaires et même des écrivains, beaucoup plus employés par les gens d'Église que par les gens du monde qui n'avaient pas encore le goût des Beaux-Arts ni celui des Belles-Lettres.

Ce n'est pas que le Poussin n'ait travaillé

avec autant de succès dans d'autres parties tout opposées. La Mythologie, les ingénieuses fictions de la Religion des Grecs et des anciens Romains lui ont fourni de très-beaux et de très-nobles sujets, tels que son goût ou la sagacité de son esprit savait les choisir. Dans ce nombre on distingue principalement, dans les tems dits héroïques, Achille reconnu par Ulysse chez le Roi Lycomède; Pyrrhus sauvé de la fureur des Molosses par les habitans de Mégare; Coriolan cédant aux larmes de Véturie sa mère, de Volumnie sa femme, et des Dames romaines qui les accompagnent (1); Vénus donnant à Énée des armes fabriquées par Vulcain; Hercule entre le vice et la vertu; le Tems qui dérobe la Vérité aux fureurs de l'Envie; Narcisse qui se regarde dans une fontaine; Apollon qui poursuit Daphné, etc. etc.; ses admirables *Saisons* et ses fameuses *Allégories*, où l'on trouve des beautés égales à

____

(1) Ce tableau, d'une riche et savante composition, a été donné, par le Gouvernement, à la Préfecture de l'Eure. M. Roland de Chambaudoin, Préfet du département de l'Eure, a, dit-on, le projet de le faire placer dans le monument qui doit être élevé, en l'honneur du Poussin, dans la ville du grand Andely. Ce Coriolan a été gravé, avec beaucoup de soin et de correction, par le célèbre Audran.

celles des poëtes les plus délicats et les plus ingénieux.

Mais notre dessein n'est pas de faire ici, Messieurs, l'entière énumération (1), la description et l'éloge de chacun des tableaux du Poussin ; ils sont en trop grand nombre. D'ailleurs, la louange trop répétée devient fastidieuse et perd beaucoup de son prix : il est prudent d'en être sobre, même envers les personnes que l'on estime et que l'on chérit le plus.

Cependant il est des sujets produits par l'éloquent pinceau de notre grand peintre, sur lesquels on ne pourrait s'arrêter sans multiplier les éloges si on se livrait au mouvement naturel de l'admiration qu'ils inspirent : tels sont les sept tableaux connus sous le nom de *Sacremens*, chefs-d'œuvre que naguère encore nous possédions à Paris, et dont il ne nous reste aujourd'hui que les gravures. La Révolution nous les a fait perdre (2), et cette

---

(1) La nomenclature des œuvres du Poussin se trouve à la fin de ce Discours.

(2) Ils ont été transportés et vendus en Angleterre, par l'ordre du dernier Duc d'Orléans, ainsi que toute la riche et superbe collection des ouvrages des plus grands maîtres de toutes les Écoles que l'on voyait dans le Palais-Royal. Cette collection était évaluée à quinze millions ou en-

perte

perte est une des plus affligeantes pour les amateurs des Arts et les élèves en peinture. Le Poussin commença ce grand et sublime travail par le tableau de *l'Extrême-Onction*, qui est le plus touchant des sept, et celui qui lui plaisait le plus. Il disait, comme Apelle, qu'il aimait à représenter des mourans. Sa philosophie le portait à réfléchir souvent sur la mort et sur la vanité des choses de ce monde. C'est pourquoi il a si bien réussi à peindre ce triste sujet dans *Eudamidas*, dans *Germanicus* et quelques-uns de ses paysages. En les considérant avec une sévère attention, on croirait entendre ces mourans se dire, comme nous pouvons nous le dire à nous-mêmes à chaque instant du jour : Je n'existais point il y a peu de tems, je ne serai plus dans peu de momens, et j'ai vécu quelques

---

viron ; la plus grande partie avait été achetée, par le Régent, avec l'argent de l'État. Ces objets d'art n'étaient donc dans ce palais qu'un dépôt national, et non la propriété d'un seul homme ; ils n'ont pu en sortir pour être transportés chez l'étranger, que dans un tems de troubles et d'anarchie. Un Gouvernement bien réglé les aurait arrêtés. Il en a été ainsi de la belle collection de pierres gravées antiques qui était dans le même palais ; elle a, dit-on, été vendue à l'Impératrice de Russie, Catherine II.

C

instans entre deux points éternels, le passé et l'avenir.

Le Mariage est celui qu'il fit le dernier ; il ne répond pas, de l'aveu de tous les connaisseurs, à la sublimité des six autres : ce qui fit dire, du vivant même de l'auteur qui sourit quand on lui rapporta cette épigramme : *Qu'un bon mariage était difficile à faire, même en peinture.*

Il composa ce grand ouvrage, dans le cours de cinq années, pour le cavalier Pozzo. Un amateur (Chambray de Chantelou) le pria de les laisser copier pour lui-même. Le Poussin le refusa. Jamais il ne voulut permettre que l'on copiât aucun de ses ouvrages ; il préférait de les composer de nouveau pour satisfaire un ami ou quelque grand personnage qu'il estimait. Comme il ne tenait point d'école, il n'avait point d'élèves auxquels il pût se confier, et n'employait point de jeunes gens, comme ont fait jadis, et comme font encore aujourd'hui les peintres qui ont une école, à faire une grande partie de leurs tableaux. Il commençait et terminait seul tous les siens. Pour complaire à M. de Chantelou qu'il aimait, il ne copia pas seulement, mais il fit une nouvelle composition des *Sacremens*, très-différente de la première par des changemens considérables ; de sorte que ces sept autres tableaux sont, au rapport de Félibien, de seconds originaux plus parfaits encore que les premiers. Ce sont ceux-là mêmes que l'on voyait au Palais-Royal.

Passionné pour les ouvrages des Anciens, le Poussin copia la belle peinture à fresque que l'on voit encore à Rome, et qui décorait la maison de Mécène. Elle est connue sous le nom de *Noce Aldobrandine*, parce qu'elle est aujourd'hui dans la vigne ou *villa Aldobrandini*, située dans la partie la plus élevée du Mont-Quirinal. Le Poussin répara cette antique peinture que le tems avait endommagée (1).

Il est, Messieurs, un genre de peinture dans lequel le Poussin a excellé, et où il s'est élevé beaucoup au dessus des autres peintres de ce

---

(1) Ce beau tableau appartient aujourd'hui à M. Sage, fondateur et directeur de la première École des mines. Il est dans son Cabinet, Hôtel de la Monnaie. Le Pape Pie VII, lors de son voyage à Paris, alla visiter le savant Professeur de minéralogie et son riche Cabinet ; il y admira *la Noce Aldobrandine* du Poussin, et avoua que cette copie était très-supérieure au modèle antique qu'il avait vu plusieurs fois. On y voit neuf figures de femmes occupées des cérémonies d'un mariage, et un seul homme qui est le marié.

même genre par la beauté , la grandeur et l'héroïque des formes ; peinture qui charme l'œil et amuse l'imagination , qui plaît aux savans comme aux ignorans, qui intéresse les enfans mêmes , parce qu'on y voit la nature dans toute son aimable simplicité ; en un mot, le paysage. En effet, il n'est personne qui ne se plaise à partager avec délices la vue et la jouissance d'un vert bocage , d'une prairie couverte de troupeaux paissant l'herbe tendre, qui n'aime à se reposer en idée à l'ombre d'un grand arbre , au pied d'un rocher ou d'une haute montagne , le long d'un clair ruisseau , avec les pasteurs ou les bergères qui gardent, au son de leurs chalumeaux et au bruit de leurs chansons champêtres , les animaux confiés à leurs soins.

Nul peintre ne sut mieux que le Poussin rendre , avec plus de charme et d'illusion , les beautés de la nature. Que ses pinceaux sont riches et puissans dans ses paysages ! Ah ! sans doute , ils avaient une magie qui s'est perdue avec eux ! Quelle dignité , quelle majesté même dans ses grands arbres ! Comme ils développent et balancent avec grâce leur cime altière , leurs vastes branchages et leurs longs rameaux ! Quelle harmonie de ton et de proportion dans tout ce qui les environne , et dans tout ce qui les sépare ! En un mot, ses paysages sont si beaux, si admirables, si héroïques, qu'un peintre de nos jours justement estimé, non-seulement pour ses ouvrages en peinture, mais encore par ses utiles écrits sur les peintres des trois Écoles, n'a pas balancé de dire, en parlant du Poussin, que « tous ses tableaux d'histoire fussent-ils détruits et oubliés, et ne restât-il de lui que » ses paysages, il serait encore placé parmi » les plus grands peintres (1). »

En homme de génie, et en artiste qui sait varier ses productions et passer de l'agréable au sévère, le Poussin a orné ses paysages d'épisodes gracieux ou affligeans, moraux et philosophiques, objets qui font réfléchir le spectateur, et le distraient de la fatigue qu'il éprouverait bientôt à la simple vue d'arbres et de coteaux, de prairies et de campagnes, de monumens d'architecture, de fabriques, isolés dans une vaste solitude, si l'on n'en bannissait la froide et ennuyeuse monotonie par des scènes animées, par des actions qui y rappellent le mouvement et la vie.

---

(1) M. Taillasson, peintre de la ci-devant Académie royale de peinture, auteur d'un excellent ouvrage intitulé *Observations sur quelques grands peintres*, etc., qui a paru en 1807.

Dans le paysage connu sous le nom de *Diogène*, le Poussin a représenté ce philosophe debout près d'un ruisseau : il y considère gravement un jeune villageois penché sur le bord de l'onde, y puisant avec sa main qu'il porte à sa bouche pour étancher sa soif. A la vue de ce campagnard buvant dans sa main, le vieux philosophe qui mettait toute son étude à diminuer le nombre des besoins de la vie, a déjà jeté à terre la tasse qu'il portait avec lui. On croit l'entendre se dire : *Voilà encore une chose dont je n'ai pas besoin, et c'est ce jeune homme qui m'apprend à m'en passer!*

Dans un autre paysage, c'est le corps de *Phocion* que l'on porte hors de la ville pour être jeté, dans un endroit écarté, comme celui d'un vil scélérat. Ce seul trait rappelle aussitôt la vie entière de ce célèbre Athénien, le modèle de toutes les vertus, et la fin cruelle et non méritée de ce grand Capitaine, de cet élève de Platon et de Xénocrate, de cet orateur redouté même de Démosthène, qui s'écriait en le voyant paraître à la tribune prêt à lui répliquer : *Voici la hache de mes harangues!* La calomnie le fit condamner à mort par ce même peuple qu'il avait sauvé tant de fois des intrigues et des embûches de Philippe, Roi de Macédoine.

Le pendant de ce paysage offre une pauvre femme de Mégare, qui recueille, avec un saint respect, les restes sacrés, les ossemens demi-brûlés de cet illustre guerrier. Elle les ramasse pour les emporter avec elle, et les garder religieusement dans sa cabane. Beau mouvement de pitié humaine et patriotique ! Hommage attendrissant rendu à la probité d'un grand citoyen immolé à la fureur de ses lâches ennemis par la plus horrible de toutes les injustices !

D'autres paysages offrent des sujets tout différens de ceux que nous venons de citer, des objets qui plaisent à l'esprit ou qui récréent l'imagination. Dans l'un, c'est *Orphée*, la lyre à la main, ravissant les Nymphes par ses harmonieux accords et ses chants mélodieux ; mais tandis qu'il se livre avec délice au charme tout-puissant de son art, l'infortuné ne s'aperçoit pas que, près de lui, sa chère Eurydice vient d'être blessée par un serpent. Dans un autre, c'est le pasteur *Polyphéme*, ce géant énorme, assis sur le sommet d'un rocher qu'il couvre de son corps, qui fait résonner la montagne et les bois du bruit de ses chalumeaux ou de sa triple flûte, et qui essaie de toucher ainsi le cœur ingrat de la nymphe Galathée.

Que dirons-nous du *Tombeau en Arcadie*, le plus célèbre des tableaux de ce genre? Quelle conception plus touchante et en même tems plus philosophique que celle-ci, qui allie la tristesse et la joie, qui jette la pensée de la mort au milieu d'un jour de bonheur ! En voyant ce monument funèbre d'un jeune berger mort à la fleur de l'âge, dans le pays réputé le plus délicieux de la Terre ; en considérant ce tombeau où sont gravés ces mots : *Et in Arcadiâ ego* ! placé dans un vert et riant bocage où se rend, en folâtrant et paré de fleurs, un groupe de jeunes filles et de jeunes garçons pour y passer quelques instans heureux ; en observant cette aimable jeunesse que tout à coup la gaîté abandonne à l'aspect de ce sépulchre du fond duquel elle croit entendre sortir ces paroles : *Et moi aussi j'ai vécu en Arcadie* ! quel esprit, réfléchissant un moment sur la fragilité de l'espèce humaine et sur l'instabilité de son sort, ne serait pas tenté de s'écrier : O Nature incompréhensible, tu prodigues à la fois et à chaque instant du jour la vie et la mort, le plaisir et la douleur ! Quel est ton but en donnant l'existence à cette foule immense d'animaux de toute espèce que tu répands par l'Univers pour ne vivre qu'un moment, pour les replonger aussitôt dans le néant d'où tu viens de les tirer ? Qui es-tu, ô Nature ? La sagesse suprême ou une aveugle et cruelle fatalité ?.....

O vous qui avez l'ame sensible, qui êtes facilement émus à l'aspect des événemens tragiques, à la vue des terribles phénomènes de la Nature, venez verser des larmes devant le tableau du *Déluge*; vous y verrez les restes du genre humain au moment d'être engloutis sous les eaux. La multitude est au fond de l'abîme : on ne voit plus que quelques malheureux épars çà et là (1), qui se débattent un instant encore, contre une mort inévitable, au milieu des flots d'une mer bientôt universelle, environnés de débris d'habitations, d'arbres renversés, et d'animaux morts et mourans. A travers des torrens de pluie précipités des cieux, et dans le sombre crépuscule répandu par toute l'atmosphère, vous pourrez lire l'effroi peint sur tous les visages; vous pourrez assister au dernier moment de cette affreuse catastrophe. Le peintre-poëte, auteur de cet effrayant tableau, a su y conserver assez de lumière pour satisfaire ce douloureux plaisir; il a su y rendre, pour nous

_____

(1) Il semble que le Poussin ait voulu rendre ici le *rari nantes in gurgite vasto* de Virgile.

servir ici d'une remarquable expression de Milton, les ténèbres *visibles*.

Peintre sublime, Artiste divin, dis-nous ton secret, dévoile-nous ton génie, enseigne-nous comment et par quel moyen tu as produit tant et de si admirables chefs-d'œuvre? Ah! sans doute, si tu étais ici au milieu de nous, tu nous répondrais comme Newton, interrogé ainsi sur ses étonnantes découvertes: *C'est en y pensant toujours*; c'est en ne m'écartant jamais de la Nature, qui ne trompe point ceux qui marchent fidellement sur ses traces; en ayant toujours présentes à la mémoire les belles conceptions des Anciens, nos maîtres dans tous les Arts; en observant la Nature dans ses grandes masses et dans ses plus petits détails. Dans mes courses et dans mes promenades, tous les objets étaient pour moi autant de sujets de méditation : les animaux, les hommes, les arbres et les arbustes, les rivières et leurs berges, tout, jusqu'aux débris de pierres et de rochers, aux restes des monumens ravagés par le tems et la main des Barbares. Toujours le crayon à la main, je traçais à l'instant ce qui me paraissait digne d'être observé, et qui pouvait m'être utile dans mes travaux.

En nous résumant sur les œuvres du Poussin,

nous ne craindrons point de faire ici, Messieurs, son apologie sur ce qu'il a pris aux anciens artistes, aux plus célèbres sculpteurs d'Athènes, de Rhodes et de Paros; nous ne serons point arrêtés par les critiques de Piles et d'autres peintres et amateurs qui ont essayé de rabaisser les talens et de ternir la gloire de ce grand-homme, en disant que la plupart des figures de ses tableaux tiennent de la pierre peinte, et portent avec elles la dureté des marbres. Ces reproches injustes lui ont été faits de son vivant même; d'autres les ont répétés depuis, et d'autres encore les répéteront aussi dans les siècles suivans. La jalousie, l'ignorance, l'erreur ou le faux jugement ne mourront jamais.

Quoi donc ! ont-ils cru, ces critiques, que c'était chez le Poussin impuissance de produire ? N'avait-il pas pour lui son génie et la nature vivante ? S'il a jugé à propos de faire des conquêtes sur les Anciens, et de fondre leur esprit dans le sien propre, de manière qu'on ne pût que très-difficilement distinguer l'un d'avec l'autre, on doit l'approuver d'avoir si bien réussi dans ce mélange et cette fusion, et lui en témoigner de la reconnaissance. Il a rendu, à l'époque où il travaillait, un service important aux artistes. Ses tableaux répandus dans l'Europe, ainsi que les gravures très-multipliées qu'on en a faites, ont étalé, aux yeux des élèves et des amateurs d'alors, les richesses des Anciens, qui étaient concentrées dans la seule Rome, et qui ne pouvaient être connues que des voyageurs assez riches pour visiter cette capitale des Arts. Louis XIV alors ne régnait pas encore par lui-même ; il n'avait pas encore fondé dans Rome une Académie de peinture. Les jeunes artistes, tels que Lesueur et beaucoup d'autres, stationnaires dans leur patrie, avaient besoin des ouvrages du Poussin pour connaître ceux de l'antiquité.

En faisant ces réflexions, nous n'avons point prétendu justifier le Poussin des reproches qu'on lui a faits assez légérement ; il n'a pas besoin de défenseur. Il n'a rien produit de médiocre, et il est au dessus de toute critique partiale et minutieuse. Il partage et partagera toujours l'admiration des amateurs de l'Art avec les plus grands peintres de son tems, avec ceux mêmes qui l'ont précédé, et ceux aussi qui le suivront dans la même carrière. C'est donc à juste titre qu'il a été surnommé *le Peintre des gens d'esprit et des philosophes*. Oui, sans doute, on respectera toujours les ouvrages et le nom de ce grand artiste qui a su traiter, avec un égal succès, dans des tableaux pour la plupart d'une médiocre dimension, tous les genres de la peinture, et l'Histoire et la Mythologie, et la Religion des Hébreux et celle des Chrétiens; d'un peintre qui a su rendre, dans ses paysages, la nature plus belle, plus riche et plus vivante que ne l'ont représentée les autres paysagistes ses devanciers, et ceux mêmes qui sont venus après lui, quoiqu'ils eussent sous les yeux ses savantes compositions en ce genre. Ses ouvrages seront toujours des modèles précieux de pureté de dessin, de sagesse dans la conception et l'ordonnance, dans la position et la distribution des groupes, dans l'expression austère et touchante des passions et des vertus, dans la juste proportion, la beauté et la richesse des monumens d'architecture, dans la vérité de la perspective, dans l'entente ingénieuse des effets de la lumière et du clair-obscur.

Le nom de ce grand peintre resterait dans la postérité la plus reculée, quand même, par une de ces révolutions aussi subites qu'imprévues, tous ses ouvrages disparaîtraient de la Terre, comme ont disparu ceux des plus célèbres peintres de la Grèce. Il ne nous reste rien des chefs-d'œuvre de Zeuxis, d'Apelle, de Protogène, de Timante, etc., et cependant les noms de ces peintres fameux de l'antiquité sont encore gravés dans la mémoire des hommes instruits et des amateurs des Arts : les écrits des gens de lettres de tous les tems nous les ont transmis et conservés. La réputation que ces artistes ont acquise, et qu'ils méritaient sans doute puisqu'ils l'ont obtenue du peuple le plus ingénieux de la Terre, qui se connaissait le mieux aux productions de l'Art, qui jouissait, dans ces mêmes tems, des plus riches chefs-d'œuvre de la sculpture et de l'architecture, cette grande réputation a traversé vingt-cinq siècles avec gloire, et vit encore parmi nous. Il en serait ainsi du Poussin, de Raphaël, du Corrège, de Lebrun et des autres grands peintres de nos tems modernes, si le ravage de nouveaux Barbares enlevait leurs sublimes ouvrages à nos neveux ; car un des plus beaux priviléges du génie est de laisser après lui des traces impérissables de son existence.

Ce serait ici le lieu, Messieurs, d'établir, suivant votre désir, un parallèle entre Raphaël et le Poussin, si l'on pouvait en effet comparer entr'eux ces deux génies incomparables, qui ont tous deux une physionomie si différente, et qui n'ont presqu'aucun rapport dans le style et l'exécution de leur art. Mais on peut au moins essayer l'esquisse du caractère de chacun d'eux, et laisser au lecteur le plaisir de donner la préférence à celui qui lui plaira le mieux, suivant son goût, ses mœurs et son esprit.

Aucun homme ne reçut de la Nature plus de talent et de génie pour la peinture, que *Raphaël*. Il paraît avoir été créé exclusivement pour ce bel art. Ses compositions sont d'une simplicité admirable ; ses ordonnances, magnifiques ; ses pensées, fines et naïves ; ses expressions, éloquentes ; ses attitudes, toujours naturelles ; il n'a jamais rien de forcé ni à contre-sens. Le caractère principal de ses figures est l'élégance et la noblesse ; ses contours sont faciles et coulans ; son coloris fait quelquefois oublier qu'il s'est peu occupé de cette partie ; certains airs de ses têtes tiennent de la divinité ; en un mot, Raphaël a réuni le sublime à la grâce ; il est le Virgile de la peinture, ou plutôt c'est un peintre céleste descendu sur la Terre, comme l'ange dont il porte le nom, pour charmer les humains par l'inexprimable beauté de ses ouvrages.

Le *Poussin* est plein du sentiment exquis du vrai, du beau simple et naturel, et de la vertu. Chacune de ses idées est profonde, et paraît être le résultat des longues réflexions

qu'il a faites avant de les fixer sur la toile.
Presque toutes ses figures ont le caractère du
grand, du noble, du sévère et du majestueux,
suivant le sujet qu'il traite. Sa couleur est
assortie à la sévérité de son style. Tous ses
airs de têtes sont graves ou héroïques. Le
jugement, la sagesse, ne lui ont jamais man-
qué : on ne trouve dans ses ouvrages aucun
de ces anachronismes si fréquens chez les autres grands peintres qui en couvraient leurs
tableaux pour plaire à des Prélats et à des
Moines. Lorsqu'on examine attentivement les
œuvres du Poussin, on les croirait sortis des
pinceaux d'un ancien peintre grec : il n'y a
presque rien de moderne dans ses compositions ; c'est un Ancien, né au dix-septième
siècle de notre ère. Il subjugue l'esprit par
la force de son génie ; il parle plus à l'ame
qu'à l'imagination. Son style, serré, concis,
fait long-tems penser. Aux yeux des philosophes, le Poussin est le peintre par excel-
lence ; il est pour eux le Tacite de la peinture.

Peu de peintres de notre école ont essayé
de marcher sur les traces du Poussin, surtout vers le milieu du siècle dernier, où la
peinture, étrangement dégénérée de ce qu'elle
était sous le grand et long règne de Louis XIV,

obéissait

obéissait en esclave aux faux principes des maîtres en faveur à la Cour de Louis XV. Un seul élève que les vrais amateurs regretteront long-tems, le jeune Drouais, mort pour ainsi dire en naissant aux Arts (1), paraissait avoir pris le Poussin pour modèle. Son tableau de *la Cananéenne*, qui jouit aujourd'hui des honneurs du Louvre, le fait assez entendre. S'il avait été trouvé dans quelque vieille chapelle d'un Chapitre ou d'un château, on l'aurait attribué au Poussin. Un autre élève de cet artiste plus que nonagénaire (2), qui a rétabli en France la bonne manière de dessiner et de peindre, de ce maître habile et d'un goût pur à qui l'École française doit une immortelle reconnaissance; cet autre élève (3) est le seul de nos peintres vivans dont les ouvrages tiennent de la manière noble et simple du Poussin. Comme le Poussin, il s'est distingué de la foule de nos peintres d'histoire par la pureté du dessin, par la sévérité de son style, et le choix de

____

(1) Il mourut à Rome en 1790, à l'âge de vingt-sept ans.

(2) M. Vien, Sénateur.

(3) M. Taillasson, peintre de la ci-devant Académie royale.

D

ses sujets presque tous philosophiques. Dus-
sions-nous troubler ici la candeur de son ame
et blesser un moment sa modestie , nous ne
pouvons nous empêcher de rendre à ses talens
l'hommage qui leur est dû.

Nous vous avons exposé, Messieurs, aussi
fidellement que nous l'avons pu , et autant
que nos faibles moyens nous l'ont permis, le
génie du Poussin dans une partie de ses nombreux travaux ; il ne nous reste plus qu'à vous
retracer , en peu de mots , ses vertus et ses
qualités personnelles.

Son ame était grande , et son cœur géné-
reux ; ses mœurs, pures et sévères comme ses
ouvrages. Jamais il ne fut atteint du vice hon-
teux de la jalousie ni de l'infame passion de
l'avarice ; jamais il n'avilit ses pinceaux dans
la représentation d'objets immodestes ou trop
voluptueux. Sage et modéré dans ses discours
comme dans ses actions, il rendait justice à
ses contemporains , à tous les grands artistes
qui marchaient avec lui à l'immortalité, et
surtout au Dominiquin. Il disait avec le sou-
rire d'un esprit calme et d'un cœur exempt
de passions violentes, que dans le vaste champ
de la gloire il y avait place pour tous ceux
qui aspiraient à y entrer , et qui s'en étaient
rendus dignes. Il ne voulut point profiter de

sa grande réputation pour s'enrichir : bien loin de là , il s'était imposé la loi d'écrire au dos de ses tableaux le prix qu'il desirait en avoir, et qui n'était jamais très-élevé. Si, par générosité, ou par admiration pour ses sublimes productions, ou pour réparer le tort qu'il se faisait à lui-même, un riche amateur lui remettait un prix plus considérable , il rendait ou renvoyait aussitôt le surplus. Sa vie intérieure était si simple et si modeste, qu'il n'avait pas même de domestique. On le sait par une anecdote assez connue, et que nous devons rapporter ici.

Le Prélat Massimi, qui depuis fut honoré de la pourpre romaine, alla un jour lui rendre visite, suivi d'un grand nombre de serviteurs, suivant l'usage des grands personnages d'Italie. La conversation se prolongea jusqu'à la nuit ; le Poussin, la lampe à la main, reconduisit lui-même le Prélat jusqu'à sa voiture : *Je vous plains, Monsieur Poussin,* lui dit-il, *de n'avoir pas seulement un valet pour vous servir. — Et moi aussi, Monseigneur, je vous plains d'en avoir tant à votre service,* lui répondit en souriant le peintre philosophe.

Il vécut plus de trente années dans l'union la plus intime et la plus parfaite avec sa femme qui mourut peu de tems avant lui, et dont il n'eut point de postérité (1). Dans les derniers tems de sa vie, il fut attaqué de paralysie ; mais quoique perclus de la moitié de son corps, il ne continua pas moins de s'occuper de son art, et de travailler tant que son ame et son esprit ne se ressentirent point de cette infirmité. Enfin, ne pouvant plus exprimer sur la toile les riches pensées que lui inspirait son imagination, il ne songea plus qu'à la mort, qui vint l'enlever aux Arts et au petit nombre de ses amis, dans sa patrie adoptive, le 19 de novembre 1665, âgé de plus de soixante et onze ans.

Ce qui met le sceau à sa réputation d'homme de mœurs simples et d'artiste désintéressé qui ne travaillait que pour la gloire, c'est qu'il ne laissa qu'une très-médiocre fortune (2), après avoir produit un nombre considérable

------

(1) Elle était sœur du Gaspre, peintre qui s'est distingué dans le paysage. On a dit de ses tableaux, qu'ils étaient les restes des festins du Poussin, comme on disait chez les Grecs des tragédies d'Euripide, que c'était les restes des festins d'Homère.

(2) Environ cinquante mille francs de ce tems-là, dont il légua le tiers aux parens de sa femme, et laissa le reste à son neveu Jean Letellier, qui demeurait à Andely.

de chefs-d'œuvre, aujourd'hui d'un si haut prix, qu'on ne les trouve que dans les cabinets des Princes et les palais des Rois.

Le ciseau de Julien nous a transmis, pour des siècles, les traits de cet homme célèbre dans la belle statue qu'il en a faite par l'ordre du Gouvernement, et la première qui ait été érigée à un peintre français.

Heureuse Normandie, félicite-toi à jamais d'avoir produit cet artiste immortel ! Félicite-toi d'avoir donné le jour aux deux plus beaux génies dont la Nation française puisse s'honorer, Pierre Corneille et Nicolas Poussin, tous deux contemporains et la merveille de leur siècle, tous deux alors sans égaux dans leur patrie, et encore aujourd'hui les premiers dans leur art !

FIN.

NOTICE DES OUVRAGES
DU POUSSIN,

Autant qu'il a été possible d'en recueillir les titres.

LA Mort de Germanicus, *gravé* par Chasteau.

La Continence de Scipion, *gravé* par Dubosc.

Coriolan cédant aux larmes de Véturie sa mère, de
Volumnie sa femme, etc. Ce tableau a été peint
pour le Marquis d'Hauterive ; *gravé* par Audran.

La Prise de Jérusalem par Titus, fils de Vespasien.
(On ne connaît point de gravure de ce tableau.)

Le Testament d'Eudamidas, *gravé* par Pesne.

L'Enlévement des Sabines, *gravé* par Audran.

— Le même sujet peint avec des différences, *gravé*
par Poel.

Achille reconnu par Ulysse, *gravé* par ***.

Pyrrhus sauvé de la fureur des Molosses, *gravé* par
Chasteau.

Le Maître d'école fouetté par ses écoliers, ou Camille
renvoyant les Enfans des habitans de Falisque, etc.,
peint, en 1637, pour M. de la Vrillière ; *gravé*
par Audran.

— Le même, avec des différences, pour M. Passart,
Maître-des-comptes.

Le Tems délivre la Vérité des fureurs de l'Envie et
de la Calomnie, *gravé* par ***.

La Charité filiale, ou une fille qui allaite son père,
gravé par Pesne.

La Noce Aldobrandine, copie d'une fresque antique dans la maison de Mécène à Rome ; elle vaut mieux que l'original.

SUJETS DE LA BIBLE.

Le Sacrifice de Noé, *gravé* par Frey.

Rébecca et Éliézer, *gravé* par Picart.

Jacob et Laban, *gravé* par Mariette.

Moïse enfant, exposé sur le Nil par ses parens pour le dérober à la fureur dé Pharaon, *gravé* par Mariette.

— Le même sujet avec des différences ; il le composa de nouveau pour son ami Stella ; il est admirable pour la beauté du paysage.

Moïse retiré du Nil par la fille de Pharaon, *gravé* par Audran.

Moïse enfant, foulant aux pieds la couronne de Pharaon, *gravé* par Baudet.

Dieu apparaissant à Moïse dans un buisson ardent, *gravé* par Chasteau.

Moïse changeant en serpent la verge d'Aaron, etc., *gravé* par Chasteau.

Le Passage de la Mer-Rouge, *gravé* par Gantrel.

L'Adoration du veau d'or, *gravé* par Poilly.

— Le même sujet avec des différences, *gravé* par Baudet.

La Manne dans le désert, *gravé* par Gantrel.

— Le même sujet avec des différences.

Le Frappement du rocher par Moïse, *gravé* par Gantrel.

— Le même sujet avec des différences, *gravé* par Claudia Stella.

Figure de Moïse, *gravé* par Lenfant.

Le Jugement de Salomon, *gravé* par Chasteau et par Baudet.

Le Triomphe de David ou la Mort de Goliath, *gravé* par Coclemans.

La Peste des Philistins, *gravé* par Et. Picart.

L'Évanouissement d'Esther devant Assuérus, *gravé* par Pesne.

VIE DE JÉSUS-CHRIST.

Figure de Jésus, jeune, la main appuyée sur un globe qui est surmonté d'une petite croix dont il tient le bas entre ses doigts, *gravé* par ***.

La Salutation angélique, *gravé* par Edelinck.

— Le même sujet, *gravé* par ***.

Le Mariage de la Vierge avec S. Joseph, *gravé* par Audran.

La Nativité de Jésus, avec les pasteurs qui viennent l'adorer, *gravé* par Chasteau.

— Le même sujet, peint trois autres fois avec des différences, *gravé* par Pesne, Bombart, Nolin et Picart le Romain.

L'Adoration des Mages, *gravé* par Picault.

— Le même sujet, *gravé* par Thiboust.

La Présentation au Temple, *gravé* par ***.

La Fuite en Égypte, *gravé* par Audran et par Cantrel.

— Le même sujet, peint trois autres fois, *gravé* par

Gantrel, Morghen et ***, dédié à Michel - Ange
Ricci , par Dughet.

La Sainte Famille, *gravé* par Pesne.

— Le même sujet, peint huit ou dix fois avec des
différences, *gravé* par Baudet, Gantrel, Vallet,
Malbouré, Chasteau, Pesne, Voullement, Poilly,
Somer, Claudia Stella et Natalis.

S. Jean baptisant sur les bords du Jourdain, *gravé*
par Pesne.

Jésus baptisé par S. Jean, *gravé* par Pesne.

— Le même sujet, *gravé* par Malbouré.

Les Aveugles de Jéricho guéris par Jésus, *gravé* par
Coypel.

— Le même sujet, *gravé* par Coypel et Picart le
Romain.

La Femme adultère , *gravé* par Audran.

— Le même sujet, *gravé* par Fonbonne.

La Samaritaine, *gravé* par Pesne.

L'Entrée triomphante de Jésus dans Jésusalem, *gravé*
par Claudia Stella.

— Le même sujet avec des différences, *gravé* par ***.

La Cène avec les Disciples, *gravé* par Claudia Stella.

— Autre ou l'Eucharistie, *gravé* par Lombart.

Le Lavement des pieds, *gravé* par Claudia Stella.

Jésus donnant les clefs à S. Pierre, *gravé* par Malbouré.

Jésus succombant de tristesse devant une croix, et
relevé par un ange, *gravé* par Claudia Stella.

Jésus emmené, par des soldats, chez Caïphe. On voit
dans un coin du tableau S. Pierre qui coupe l'o-
reille à Malchus ; *gravé* par la même.

Jésus devant Pilate, *gravé* par Claudia Stella.

Le reniment de S. Pierre auprès du feu des soldats ; il est apostrophé par une femme ; *gravé* par la même.

Jésus devant Caïphe, *gravé* par la même.

Jésus livré à la risée et aux insultes des soldats, *gravé* par la même.

Jésus conduit, la corde au cou, chez Pilate, *gravé* par la même.

Jésus devant Pilate, à qui sa femme parle à l'oreille, *gravé* par la même.

Jésus livré aux Juifs par Pilate, *gravé* par la même.

Ecce Homo, *gravé* par ***.

Le Grand Calvaire ou Jésus en croix entre deux larrons, *gravé* par Claudia Stella et par Audran.

Jésus descendu de la croix, *gravé* par Chauveau, Audran et Picart le Romain.

Jésus porté au tombeau, *gravé* par Pesne.

— Le même sujet avec des différences, *gravé* par Gantrel.

Jésus apparaît à Magdeleine en jardinier, *gravé* par ***.

Jésus apparaît à ses Disciples ; Thomas le reconnaît ; *gravé* par Audran.

Le Trépas de la Vierge, qui était dans une chapelle de Notre-Dame de Paris.

L'Assomption de la Vierge, *gravé* par Pesne et par Dughet, qui l'a dédiée à madame Pozzo.

L'Apparition de la Vierge à S. Jacques, dans la ville de Sarragosse. Ce grand tableau était dans le cabinet du Roi (Louis XIV).

Une Vierge assise sur des degrés.

Une Vierge qu'on appelle des dix Figures.

Une Vierge grande comme nature.

Une Vierge avec S. Jean, Sainte Élizabeth et S. Jérôme.

La Vierge accompagnée de cinq figures, dans un paysage.

Un Crucifiment, pour le Président de Thou.

Petit tableau du Baptême de S. Jean, peint sur bois.

ACTES DES APOTRES.

Le Ravissement de S. Paul, *gravé* par Pesne, et dédié à **M.** de Chantelou.

— Le même sujet avec des différences, *gravé* par Natalis.

— Le même sujet, *gravé* par ***.

Ananie et Saphira, *gravé* par Pesne.

Le Martyre de S. Barthélemi, *gravé* par Couvay.

S. Pierre et S. Jean, allant au temple, guérissent un boîteux ; *gravé* par Claudia Stella.

S. Pierre et S. Paul devant le Proconsul Sergius-Paulus, *gravé* par ***.

S. Paul et Silas conduits en prison après avoir été battus de verges, à Philippes de Macédoine ; *gravé* par ***.

Les sept Sacremens. Première composition pour le cavalier del Pozzo à Rome ; *gravés* par Chastillon.

1er. Le Baptéme. (Baptéme de Jésus-Christ.)

2e. La Confirmation.

3e. L'Eucharistie. (La Cène.)

4e. La Pénitence. (La Magdeleine aux pieds de J. C.)

5e. L'Extrême-Onction.

6e. L'Ordre. (Les clefs données à S. Pierre.)

7e. Le Mariage. (Celui de la Vierge avec S. Joseph.)

La seconde composition a été faite pour M. de Chantelou, et *gravée* par Pesne. Il y a dans chacun de ces sept autres tableaux des différences très-marquées, tant dans l'action principale, que dans les personnages et les accessoires. Par exemple, dans celui de l'Extrême-Onction, le mourant, dans la première composition, est oint aux yeux, et dans l'autre à la main. Cette seconde composition est réputée la plus belle et la plus savante. C'est celle-là qu'on voyait au Palais-Royal.

Miracle de S. François-Xavier au Japon, *gravé* par Gantrel et Drevet.

Sainte Marguerite avec le dragon, *gravé* par Chauveau.

S. Jean à Patmos, dans un paysage, *gravé* par Chastillon.

Un Prophète, peint à Rome dans sa jeunesse. Il lui fut payé huit francs.

S. Érasme, le seul tableau où il ait mis son nom. Il est dans l'église de Saint-Pierre à Rome.

Deux tableaux de dévotion, pour les Capucins de Blois. On ignore les sujets.

MYTHOLOGIE ET AUTRES SUJETS.

Les Travaux d'Hercule, *gravés* par Pesne. Les dessins sont restés chez M. Fromont de Vaisne.

Narcisse changé en fleur, *gravé* par Audran.

Narcisse au bord d'une fontaine, *gravé* par Frey.

Jupiter nourri par les Nymphes de Créte, *gravé* par ***.

Jupiter, sous la forme de Diane, amoureux de Callisto, *gravé* par Daullé.

Jupiter et Léda, *gravé* par ***.

Daphné changée en laurier, *gravé* par ***.

Apollon sur le Parnasse, accompagné des Muses, *gravé* par ***.

Le Triomphe d'Apollon, *gravé* par Fantette.

Autre, *gravé* par Avril.

Apollon qui poursuit Daphné.

Danaé couchée sur un lit.

Vénus et Adonis, *gravé* par Earlom.

Vénus et l'Amour, *gravé* par Baudet.

Vénus et Mars, *gravé* par Fabricius.

Vénus endormie, surprise par un Satyre; *gravé* par Daullé.

Vénus donnant des armes à Énée, *gravé* par Loir.

— Le même sujet avec des différences, *gravé* par Franc. Aquila.

Vénus et Mercure.

Vénus se reposant après le bain, *gravé* par Baudet.

L'Amour, Mercure et les Nymphes, *gravé* par Varini.

Phaëton demandant à Phœbus à conduire son char, *gravé* par Perelle.

Pan et Syrinx.

Le Triomphe de Galathée, *gravé* par Pesne.

Les Hespérides portant des fruits aux Dieux, *gravé* par Bloemaert.

Le Jugement d'Hercule, *gravé* par Strange.

Hermaphrodite et Salmacis, *gravé* par B. Picart.

Adonis et Myrra, *gravé* par Poel.

Le Triomphe de Bacchus et d'Ariane, *gravé* par Beauvais.

Le Triomphe de Flore, de Pomone, etc., *gravé* par ***.

Le Triomphe de Neptune, peint pour le Cardinal de Richelieu en 1638, ainsi que quatre Bacchanales ; *gravé* par Pesne.

L'Empire de Flore, *gravé* par Fessard.

Fêtes de Bacchus, *gravé* par Erlinger.

Deux Fêtes pastorales, *gravé* par Peyron.

Sacrifice et offrande près d'un mausolée, au dessus duquel est la statue d'un Empereur romain ; *gravé* par Van-Houten.

Renaud endormi, surpris par Armide, *gravé* par Audran.

— Le même sujet, *gravé* par Simoneau et Chasteau.

Les Amours de Flore et de Zéphyr.

Un Bain de femmes, pour M. de Créqui, Ambassadeur à Rome ; il était chez Stella, aux Galeries du Louvre.

Hercule qui enlève Déjanire, peint pour M. de Chantelou en 1639.

Les Métamorphoses au nombre de.....

Allégories, *gravées* par Audran.

Les *Cupidines*, sujets d'amour, légers et gracieux.

Le Tems et les Heures, où l'on voit le sablier, les bulles de savon, etc., *gravé* par B. Picart.

Deux Batailles, peintes à Rome dans sa jeunesse ; il les vendit sept écus chacune ; elles étaient dans le cabinet du Duc de Noailles en 1690 ; il les paya, dit-on, mille écus.

Les quatre Saisons, en paysages, peintes pour le Duc de Richelieu :

Le Printems (Adam et Ève dans le Paradis terrestre), *gravé* par Audran ;

L'Été (Booz et Ruth), *gravé* par Pesne ;

L'Automne (la Grappe de raisin apportée de la Terre promise), *gravé* par Pesne ;

L'Hiver (le Déluge), *gravé* par Audran.

Paysages. Le nombre en est inconnu. Les principaux sont renommés par les épisodes suivans :

Pyrame et Thisbé, ou l'Orage, *gravé* par Vivarez et Châtelin.

Un Tems calme et serein, *gravé* par les mêmes.

Le Tombeau en Arcadie, *gravé* par Ravenet.

— Le même, *gravé* par Picart le Romain.

Orion aveuglé par Diane, *gravé* par Baudet.

Diogène et un jeune villageois, *gravé* par le même.

Polyphème et Galathée, *gravé* par le même.

La Mort de Phocion, *gravé* par le même.

Les Cendres de Phocion, *gravé* par le même.

Orphée, *gravé* par le même.

La Naissance de Bacchus.

Un jeune homme surpris et tué par un énorme serpent qui lui entoure le corps, *gravé* par le même.

Une Femme qui se lave les pieds.

Les Moines dans une solitude, etc. etc.

Nombre d'Études d'après l'antique : têtes, figures, bras, mains, pieds, etc.

Frontispices pour les OEuvres d'Horace et de Virgile, *gravés* par Mellan.

Portrait du Cardinal Rospigliosi.

Portrait du Pape Clément IX (Rospigliosi), *gravé* par Bonnart.

Son Portrait peint par lui-même, *gravé* par Pesne, Audran, Ferdinand et Cathelin.